지은이 | **존 그레이** (John Gray Ph. D.)

남녀의 차이를 화성과 금성이라는 비유로 풀어낸 세계적인 베스트셀러 『화성에서 온 남자 금성에서 온 여자』 시리즈의 저자이자 관계 상담 전문가. 남자와 여자를 각각 화성과 금성에서 온 존재로 설정함으로써 서로 다른 남녀의 차이에 대한 획기적인 관점을 제시해 세계적 명성을 얻었다.
40여 년 동안 부부관계 상담소를 운영하며 인간관계 세미나를 열었고, 저술·강연·상담 등 활발한 활동을 통해 바람직한 사랑의 비전을 세우는 데 힘쓰고 있다.
이 책은 '남녀 관계의 바이블'이라 불리며 30년간 이 분야의 최고 스테디셀러 자리를 지키고 있고 150개국에서 5000만 부 이상 판매되었다. 또한 전 세계 수많은 연인과 부부가 서로를 바라보는 시각을 완전히 바꿔놓았으며, 독자들에게 새로운 사랑과 인생의 가치관을 제시했다.

옮긴이 | **김경숙**

서울에서 태어나 이화여자대학교 영문학과를 졸업하고 전문 번역가로 활동하고 있다. 옮긴 책으로 『화성에서 온 남자 금성에서 온 여자』 시리즈와 『오해의 심리학』 『화에 대하여』 『침묵의 나선』 등이 있다.

그린이 | **홍승우**

홍익대학교 시각디자인학과를 졸업했고 『한겨레신문』에 '비빔툰'을 연재하면서 본격적인 활동을 시작했다. 『과학동아』에 '다운이 가족의 생생한 탐사' 연재를 시작으로 어린이 학습만화를 그려오고 있다. 그린 책으로 『비빔툰』 『수학 영웅 피코』 『만화 21세기 키워드』 『빅뱅 스쿨』 등이 있다.

화성에서 온 남자 ♥ 금성에서 온 여자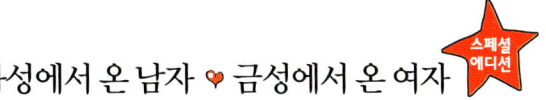

스페셜 에디션
화성에서 온 남자 ♥ 금성에서 온 여자

초판 1쇄 펴낸날	2004년 6월 10일
초판 20쇄 펴낸날	2025년 6월 20일

지은이 존 그레이	**편집** 김현정 김혜윤 이심지 이정신 이지원 홍주은
옮긴이 김경숙	**디자인** 김태호
그린이 홍승우	**마케팅** 임세현
펴낸이 조영혜	**관리** 서숙희 이주원
펴낸곳 동녘라이프	

인쇄 새한문화사　**라미네이팅** 북웨어　**종이** 한서지업사

등록 제 311-2003-14호 1997년 1월 29일
주소 (10881) 경기도 파주시 회동길 77-26
전화 영업 031-955-3000　편집 031-955-3005　팩스 031-955-3009
홈페이지 www.dongnyok.com　**전자우편** editor@dongnyok.com
페이스북·인스타그램 @dongnyokpub

ISBN 978-89-90514-07-3 (03840)

- 잘못 만들어진 책은 구입처에서 바꿔 드립니다.
- 책값은 뒤표지에 쓰여 있습니다.

화성에서 온 남자 금성에서 온 여자

존 그레이 지음 김경숙 옮김 홍승우 그림

동녘라이프

copyright ⓒ 2003 by John Gray Publications, Inc.
All rights reserved.

Korean translation copyright ⓒ 2004 by Dongnyok Life Co.
Korean translation rights published by arrangement
with Linda Michaels Limited, International Literary Agents
through Eric Yang Agency, Seoul

이 책의 한국어판 저작권은 에릭양 에이전시를 통해 Linda Michaels Limited와 독점 계약한 동녘라이프가
소유합니다. 저작권법에 의하여 한국에서 보호를 받는 저작물이므로 무단 전재와 무단 복제를 금합니다.

아내 바니 그레이에게 가슴 가득 사랑을 담아 이 책을 바칩니다.
아내의 사랑과 고운 심성, 지혜와 슬기가 내게 잠재한 능력을 최대한
이끌어 낼 수 있는 힘을 주었고, 그 동안 우리가 함께 터득한 것을
세상 사람 모두와 나눌 수 있는 용기를 심어 주었습니다.

 감사의 말

이 책을 쓰는 동안 나와 동행한 아내 바니에게 고마운 마음을 전합니다.

끊임없는 사랑과 지지를 보낸 세 딸, 섀넌, 줄리, 로렌에게도 고마움을 전합니다. 네 명의 금성인과 한 집에서 살다 보니 여성들의 관점을 이해하고 존중하는 능력이 생겼습니다.

편집자 미건 다울링의 명민한 조언은 큰 힘이 되었습니다. 아울러 홍보 담당인 레슬리 코헨과 하퍼 콜린스의 직원 여러분께도 감사의 말씀을 전합니다.

이 책이 전 세계 50여 개 언어로 출간된 것은 해외 담당 대리인 린다 마이클스 덕분입니다. 정신 없이 바쁜 미디어 관련 스케줄을 관리하느라 고생한 플랜드 텔레비전 아트의 모니크 맬러리도 잊을 수 없습니다.

그 밖에 라디오 프로그램과 서적, 테이프, 세미나, 강연 등 마케팅 업무 전반을 맡아 수고한 로지 린치, 마이클 나자리안, 도나 도이런, 제프 오웬스에게도 감사드립니다.

그리고 부모님이신 버지니아 그레이와 데이비드 그레이 두 분의 사랑과 격려에 그지없는 감사를 표합니다. 그분들은 이제 이 땅에 계시지 않지만 내게 주셨던 사랑은 언제나 변함없는 나의 버팀목과 울타리였습니다.

책머리에 ♥ 10

제1장 화성에서 온 남자 금성에서 온 여자 ♥ 15

제2장 화성 금성 필수 테스트 ♥ 24

제3장 남자는 동굴에 들어가고 여자는 이야기를 한다 ♥ 34

제4장 열두 가지 사랑의 욕구 ♥ 46

제5장 남자는 고무줄이다 ♥ 56

제6장 여자는 파도다 ♥ 66

제7장 금성인의 마음을 빼앗는 스물다섯 가지 방법 ♥ 78

차례

제8장 화성인의 마음을 빼앗는 스물다섯 가지 방법 · 84

제9장 언쟁은 상대에게 상처를 입힌다 · 90

제10장 남자를 변화시키고 싶은 충동 조절하기 · 102

제11장 어떻게 부탁할 것인가 · 112

제12장 감정의 편지 · 124

제13장 사랑의 계절 · 134

옮기고 나서 · 143

 책머리에

　세상은 확실히 변했습니다. 하지만 남자와 여자가 다르다는 사실에는 변함이 없습니다. 남자는 결혼할 때 여자에게 한결같은 모습을 바라고, 여자는 남자가 달라지기를 기대합니다. 남자는 여자에게 행복을 안겨 주려고 고심하고, 여자는 남자의 행동을 분석하려고 애쓰지요. 남자가 말이 없거나 방에 틀어박히면 여자는 이렇게 생각합니다. "그가 정말 나를 사랑하는 걸까? 내가 무슨 말실수라도 했나? 우리 사이가 점점 멀어지는 것은 아닐까? 내가 그를 귀찮게 했나?" 하지만 그 순간 그는 텔레비전 프로그램을 생각하고 있을지도 모릅니다.

　남자와 여자가 지금처럼 가까웠던 적은 일찍이 없었습니다. 남자는 낭만을 위해 많은 시간을 할애할 준비가 되어 있고, 여자는 직장에서 남자들과 나란히 일합니다. 남녀가 점점 닮아 간다고는 하지만 여전히 매우 다릅니다. 남자와 여자가 서로에게 끌리는 이유는 바로 차이 때문입니다. 우리 부모님도 그 차이에서 비롯해 서로에게 매력을 느끼고 관심을 쏟았습니다. 그러나 차이는 남녀 사이에 문제를 일으키기도 합니다. 그 가운데 가장 큰 문제는 이성인 상대방이 나와 똑같은 방식으로 생각하고 느끼리라고 생각하는 것입니다. 남자는 화성에서 왔고, 여자는 금성에서 왔다는 사실만 기억하면 남녀 사이의 여러 문제가 쉽게 풀립니다.

약간의 유머 감각만 있다면 남녀의 차이를 어렵지 않게 이해할 수 있습니다. '화성 금성 세미나'에 참석했던 사람들은 정보를 농담하듯 재미있게 제시해서 좋았다고 말합니다. 사람들은 웃을 때 자연스럽게 마음을 열고 거부감 없이 상대방이 하는 말에 귀를 기울입니다. 이 책은 남녀가 각각 오랫동안 품어 왔던 물음에 유머를 통해 답합니다. 남자에게는 여자가 무엇에 행복을 느끼는지에 대한 해답을 주고, 여자에게는 남자가 이상야릇하게 행동하는 이유를 알려 줍니다.

여자는 남자에 대해 이런 의문을 품고 있습니다. "즐겁고 가치 있는 시간을 보내고 난 후에 남자가 여자를 무시하는 이유는 무엇일까?" "그는 왜 전화를 하지 않을까?" 남자 역시 여자에 대해 물어 볼 것이 많습니다. "해결책을 구하는 것도 아니면서 왜 자기 문제를 남자에게 이야기할까?" "여자는 해결책도 없는 문제를 왜 꺼낼까?" 이 책은 이런 어려운 질문의 해답을 담고 있습니다. 풀리지 않는 의문이 많았던 만큼 그 해답을 확인하는 재미도 쏠쏠할 것입니다.

화성에서는 해결하지 못할 문제가 있다면 아예 잊어버리는 것이 상책입니다. 하지만 금성인은 '그 문제를 해결할 수는 없지만 적어도 함께 이야기해 볼 수는 있다.' 라고 생각합니다. 스트레스에 반응하는 모습이나 문제를 해결하는 방식이 남녀가 서로 다르다는 것을 알면 상대에게 더욱 큰 도움을 줄 수 있습니다.

우리가 상대에게 도움을 주지 못하는 이유는 도움을 주고 싶지 않아서가 아닙니다. 아침에 눈을 뜨면서 '오늘은 그 사람을 어떻게 괴롭힐까?' 를 궁리하는 사람은 없습니다(적어도 처음에는 말이죠). 사랑에 빠지면 누구나 최선을 다하려 합니다. 그런데 우리가 아무리 최선을 다한다 해도 상대가 무엇을 원하는지 모르는데 무슨 소용이 있겠습니까. 우리는 상대방이 진정으로 원하는 것을 주기보다는 그 사람의 처지에서 내가 바랐음 직한 것을 줍니다.

저는 남자라서 기분이 좋지 않을 때는 혼자 있고 싶고 기분이 나아질 때까지 상대가 나를 내버려 두었으면 하고 바랍니다. 기분이 좀 어떠냐고 자꾸 묻는 것은 도무지 마뜩찮습니다. 하지만 여자는 그 날 있었던 일에 대해 남자가 물어보기를 기대합니다. 여자가 몹시 언짢아 있을 때 남녀의 차이를 잘 모르는 남자는 그녀의 언짢음을 모른 척할 수도 있습니다. 남자는 제 나름으로 여자를 배려한 것이지만 그녀는 이렇게 생각하겠죠. '어떻게 이런 때 나를 본체만체할 수가 있지? 이제 더 이상 나에게 신경 쓰지 않는 걸까?' 단순한 오해 때문에 그녀의 기분은 더 엉망이 되어 버립니다.

당신은 이 책을 읽으며 우리가 상대를 위해 했던 여러 일들이 사실은 자신이 원하는 것이었음을 깨닫게 될 것입니다. 그리고 가슴속의 사랑을 온전히 전하는 데 필요한 통찰을 얻게 될 것입니다. 단숨에 읽을 수 있는 이 짤막한 책에는 방대한 '화성남자 금성여자' 시리즈의 핵심이 담겨 있습니다. 화성과 금성의 서로 다른 삶에 숨은 여러 비밀도 발견할 것입니다. 이 책이 남녀의 차이를 낱낱이 파헤쳤다고 할 수는 없지만, 돈독한 남녀관계를 가꿔 갈 수 있는 효과적인 방법을 제시했다고 자부합니다.

이 책은 성공적인 남녀관계를 위한 유용하고 재미있는 읽을거리입니다. 그 동안 '화성 금성 세미나'에 참가했던 수천 명처럼 당신도 남녀가 서로를 어떻게 오해하고 실망시키는지 실례를 보며 고개를 끄덕일 것입니다. 이 책이 전하는 간단한 메시지가 많은 사람의 행복을 지켜 주었고 수천 명의 부부를 이혼의 위기에서 구했습니다.

지난 삼십여 년간 결혼 문제 상담가로 일하면서 저는 큰 위기가 항상 사소한 문제에서 비롯한다는 사실을 배웠습니다. 작고 쉬운 문제를 대수롭지 않게 넘기면 결국에는 심각한 문제로 번지게 마련입니다. 작은 문제부터 차근차근 해결하다 보면 풀리지 않는 큰 문제도 틀림없이 사라집니다.

저는 남녀가 본질적인 차이를 인정하고 서로를 이해하면 사랑은 영원히 지속될 수 있다고 믿습니다. 당연히 이혼율은 낮아질 것이고, 연인들은 평생 조화로운 사랑을 향유할 것입니다. 주변에서 그런 사례를 수없이 보았기 때문에 제 믿음은 확고합니다. 남자와 여자가 가정에서 화합을 이루면 그 조화로움이 전 세계에 영향을 끼칩니다. 나라와 나라 사이의 평화는 각 가정의 평화에서 출발합니다.

당신의 사랑은 당신과 연인, 아이들의 영혼을 촉촉이 적시고 세계를 풍요롭게 합니다. 저는 당신이 이 책에서 사랑의 기쁨을 만끽하고 그것을 주위 사람과 나누었으면 합니다. 우리에게는 무한한 가능성이 있습니다. 당신의 사랑과 영혼이 나날이 풍성해지기를 바랍니다. 끝으로 제게 당신의 삶을 변화시킬 기회를 준 데 대해 무한한 감사를 드립니다.

제 1 장

남자와 여자가
서로의 차이를 존중할 때
비로소 사랑이 자란다.

화성에서 온 남자 🪐 금성에서 온 여자

남자는 화성에서 왔고 여자는 금성에서 왔다고 상상해 보자. 아주 먼 옛날 망원경으로 천체를 관측하던 화성인들이 금성인들을 발견했다. 단 한 번 힐끗 보았을 뿐인데도 화성인들의 가슴에는 이전에 없던 야릇한 감정이 싹텄다. 사랑에 빠진 그들은 부리나케 우주선을 만들어 금성으로 날아갔다.

금성인들은 화성인들을 진심으로 환영했다. 그들은 이런 날이 오리라는 것을 직관적으로 알고 있었다. 처음으로 느끼는 사랑을 위해 가슴을 활짝 열었다.

그들의 사랑은 마법과도 같았다. 같이 있는 시간은 언제나 즐거웠다. 무엇이든 함께 했고 마음을 나누며 행복을 느꼈다. 다른 행성에서 자란 그들은 서로의 차이를 즐겼다. 각자의 욕구와 기호, 행동 양식을 이해하는 데 여러 달이 걸렸다. 그런 차이를 이해하고 나서는 오랫동안 서로 사랑하며 조화롭게 살았다. 그러던 어느 날 그들은 살기 좋은 지구에 가기로 마음먹었다. 처음에는 모든 것이 근사하고 아름다웠다. 그런데 오래지 않아 그들은 지구 환경의 영향으로 선택적 기억 상실

증이라는 희귀한 병에 걸린 채 잠에서 깨어났다!

화성에서 온 남자와 금성에서 온 여자는 자신들이 다른 행성에서 왔고, 서로 다를 수밖에 없다는 사실을 잊어버렸다. 서로의 차이에 대한 기억이 모두 지워지면서 그들은 충돌하기 시작했다.

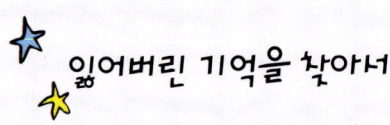

화성인

1. 최대 약점: 대화 도중에 말을 자르고 해결책을 제시한다.

2. 화성의 언어를 사용한다.

3. 상대방의 이야기에 귀 기울이는 일이 얼마나 중요한지 모른다.

4. 굵직한 애정 표현을 중시한다.

5. 기분 전환을 위해 동굴에 들어간다.

6. 상대방이 요구하지 않으면 충분히 주고 있다고 생각한다.

7. 상대가 자신을 인정하고 신뢰하고 자신의 현재 모습 그대로를 받아들일 때 아주 행복해한다.

💖 화성인 중에는 분명 금성인 같은 사람도 있다.

일곱 가지 차이

금성인

1. 최대 약점: 상대가 청하지도 않은 (그러나 도움이 되는) 조언을 한다.

2. 금성의 언어를 사용한다.

3. 상대방을 변화시키려고 애쓴다.

4. 자잘한 애정 표현에 감동한다.

5. 기분 전환을 위해 대화를 한다.

6. 애정 표현을 요구하는 것은 낭만적이지 않다고 생각한다.

7. 상대가 자신을 존중하고 이해하고 소중히 여길 때 아주 행복해한다.

❤ 금성인 중에도 물론 화성인 같은 사람이 있다.

화성인이 사는 법

남자는 목적을 이루는 능력을 통해 자기 존재를 확인한다

화성인은 힘과 능력, 효율과 업적을 중시한다. 힘과 기술을 향상하기 위해 끊임없이 노력하고 목적을 이루는 능력을 통해 자기 존재를 확인한다. 그리고 자신이 이룩한 성공과 성과에 대한 자부심이 강하다. 그들은 사람이나 느낌보다 사물과 사실에 더 관심이 많다. 여자들이 사랑을 꿈꿀 때 남자들은 힘 좋은 자동차, 고성능 컴퓨터, 최첨단 신기술에 마음을 빼앗긴다. 가시적인 성과를 끌어 내고 목표를 달성하고 능력을 과시하는 데 도움이 될 만한 '물건'에 집착하는 것이다.

남자가 일에 몰두해 있거나 문제 해결에만 관심을 보이면 여자는 소외감을 느낄 수 있고, 그가 자기 감정에는 관심을 기울이지 않는다고 생각한다.

금성인이 사는 법

여자는 감정과 인간관계를 통해 자기 존재를 확인한다

금성인은 사랑, 대화, 아름다움, 관계에 높은 가치를 둔다. 그들은 서로 돕고, 관심을 쏟고, 보살펴 주는 일에 많은 시간을 할애한다. 그 가운데서도 대화가 가장 중요하다. 그들은 이야기를 나누고 남들과 관계를 맺으면서 큰 만족을 얻는다.

금성에서는 누구나 심리학에 정통해 상담에 관한 한 최소한 석사 학위 정도는 갖고 있다. 그들은 인격의 성장, 영혼과 생명, 마음의 치유와 성숙에 도움이 되는 모든 일에 열중한다. 금성에는 곳곳에 공원과 잘 가꾼 정원, 쇼핑센터와 레스토랑이 있다.

금성인은 매우 직관적이다. 여러 세기에 걸쳐 타인의 욕구와 기분을 헤아리고 배려하면서 뛰어난 직관력이 생겼다. 그들이 생각하기에 진정한 사랑이란 상대가 청하지 않아도 미루어 짐작하고, 서로 돕고, 보살펴 주는 것이다. 그러나 남자는 여자가 조언을 하면 그녀가 자기 능력을 믿지 않는다고 생각해 자존심에 상처를 입기도 한다.

남자는 화성에서 왔고
여자는 금성에서 왔다는 사실을 기억하면
많은 오해가 풀린다.

남녀가 서로 다르다는 것을 모르고서는 사이좋게 지내기 어렵다. 남자와 여자가 서로에게 화를 내거나 실망하는 이유는 이런 중요한 진실을 망각했기 때문이다. 우리는 상대방이 우리 자신과 비슷해지기를 기대한다. 그리고 '우리가 원하는 것을 원하고, 우리가 느끼는 대로 느끼기'를 바란다.

겉으로 드러나지 않은 서로의 차이를 이해하면 성공적으로 사랑할 수 있다. 남녀가 서로 다르다는 사실을 받아들이면 우리가 원하는 것을 얻을 수 있는 창조적인 해답이 보인다. 그리고 '그 사람'에게 가장 바람직한 사랑과 보살핌을 줄 수 있는 길이 열린다. 사랑하는 사람에게 최선의 사랑과 지지를 보내는 방법을 찾게 되는 것이다.

사랑은 마법과 같아서 우리가 서로의 차이를 기억하기만 한다면 언제까지나 지속될 것이다.

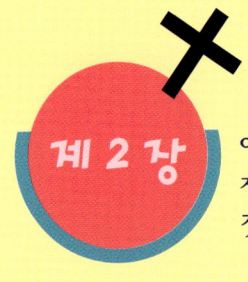

제 2 장

여자가 남자에게 느끼는 가장 흔한 불만은 자신의 이야기에 귀를 기울이지 않는다는 것이다.

남자가 여자에게 느끼는 가장 흔한 불만은 늘 자기를 변화시키려 한다는 것이다.

화성 금성 필수 테스트

테스트를 시작하기 전에 먼저 질문에 솔직하게 답할 수 있는 조용한 장소를 찾아보세요. 화성인과 금성인을 위한 테스트가 각각 준비되어 있습니다. 점수는 당신 혼자만 알고 있으면 됩니다.

💔 화성인은 이런 테스트를 좋아하지 않습니다.
  그가 점수를 알려 주지 않아도 실망하지 마세요.

# 나는 정말 괜찮은 대화 상대일까?

이 테스트는 당신이 어떤 대화 상대인가를 알아보기 위한 것입니다. 각 문장을 읽고 가끔 하는 말에는 1점, 자주 하는 말에는 2점, 습관적으로 하는 말에는 3점을 적으세요.

1. "쓸데없는 걱정 좀 하지 마."

2. "내가 언제 그렇게 말했어?"

3. "그게 뭐 대단한 일이라고."

4. "알았어. 그러니까 이제 그 얘기는 그만 하자."

5. "그냥 하라는 대로 좀 하면 안 돼?"

6. "우리가 대화를 안 하긴 왜 안 해."

7. "그런 일로 상처받을 거 없어."

8. "그래서 하고 싶은 말이 뭔데?"

9. "당신이 그렇게 느낄 필요는 없지."

10. "어떻게 그런 말을 해? 지난 주말에는 하루 종일 당신이랑 같이 보냈잖아. 아주 즐거운 시간이었고."

11. "내 말은 그런 뜻이 아니야."

12. "청소하면 될 거 아냐. 이제 됐어?"

13. "이건 당신 일이야."

14. "그 일에 대해서 우리가 할 수 있는 건 아무것도 없어."

15. "그렇게 불평하려거든 차라리 하지 마."

16. "당신은 왜 사람들이 자기를 그렇게 대하도록 놔두는 거야?"

17. "당신이 행복하지 않다면 헤어지는 수밖에."

18. "좋아. 그럼 지금부턴 당신이 해."

19. "내가 다 알아서 할게."

20. "내가 당신한테 신경을 왜 안 써? 말도 안 되는 소리 하지 마."

21. "빙빙 돌리지 말고 요점을 얘기해 봐."

22. "그러니까 앞으로 우리가 할 일은……."

23. "그게 이 일하고 무슨 상관이야?"

 걱정 마. 별것 아니야. 내가 다 해결해 줄게.
 누가 화성인 아니랄까 봐.

남자는 사랑하는 여자 앞에서 미스터 만능 수리공이 되어 해결책을 내놓고는 그녀를 도왔다고 생각한다.
그러나 정작 그녀가 바라는 것은 공감과 이해다.

성적 발표

나는 정말 괜찮은 대화 상대일까?
받은 점수를 모두 더해 보세요.

10점 미만
축하합니다! 당신은 훌륭한 대화 상대입니다. 이해심 많고 믿음직한 당신은 금성인의 사랑을 받을 자격이 충분합니다.

10~20점
그럭저럭! 상대방과 대화가 통하지 않을 때도 있지만 당신은 무난한 대화 상대입니다.

21점 이상
어쩌나! 안타깝게도 당신은 형편없는 대화 상대입니다. 일주일 동안만이라도 상대가 무슨 말을 하든 들어 주는 연습을 해 보세요. 해결책을 제시하거나 그녀의 기분을 바꾸어 놓고 싶은 충동이 들 때는 이를 악물고 참아야 합니다. 이야기를 들어 주는 것으로도 고마워하는 그녀를 보게 될 것입니다.

나는 아직도 그를 변화시키고 싶은 걸까?

이 테스트는 당신이 얼마나 너그러운지를 알아보기 위한 것입니다. 각 문장을 읽고 당신이 가끔 하는 말에는 1점, 자주 하는 말에는 2점, 습관적으로 하는 말에는 3점을 적으세요.

1. "우리 형편에 그걸 어떻게 사?"

2. "접시에 물기가 그대로 있잖아. 그렇게 두면 얼룩이 남는다고 말했지."

3. "당신 머리칼 좀 잘라야 하지 않아?"

4. "저쪽에 주차할 데 있어. 차 돌려."

5. "당신한텐 친구들이 더 중요하잖아. 나는 어떡해?"

6. "그렇게 일만 하면 안 돼. 하루쯤 휴가를 내."

7. "그거 거기 놓지 마. 그럼 내가 나중에 찾을 수가 없잖아."

8. "배관공을 부르지 그래. 배관공이 보면 뭐가 문제인지 알 거야."

9. "기다려야 해? 예약 안 했어?"

10. "아이들하고 좀 놀아 줘. 애들이 얼마나 아빠를 찾는다고."

11. "당신 사무실은 여전히 난장판이네. 어떻게 이런 데서 일을 할 수가 있어? 언제 정리할 거야?"

12. "당신, 또 깜빡 잊고 안 가져왔어?"

13. "너무 빨라. 속도 좀 줄여. 그러다가 딱지 떼."

14. "다음에 영화 보러 올 때는 영화평을 미리 읽고 와야겠어."

15. "늦으면 늦는다고 전화를 했어야지."

16. "누가 주스를 입 대고 마셨나 봐."

17. "손으로 집어 먹지 마. 애들이 보고 배우잖아."

18. "감자 튀김은 기름기가 많아서 건강에 안 좋아."

19. "당신은 늘 시간에 쫓기고 있어."

20. "하던 일을 다 팽개치고 당신과 점심을 먹으러 나갈 순 없어."

21. "셔츠가 바지랑 안 어울려."

22. "그 친구가 세 번이나 전화했어. 언제 전화할 거야?"

23. "당신 서랍이 엉망이라서 도무지 뭘 찾을 수가 없어. 제발 정리 좀 해."

> 흥! 노력할 생각이 없군. 칫솔은 넣었어? 검은 양말은?
> 이발 좀 할 걸 그랬잖아. 핸드폰은 챙겼어? 현금은 충분해?
> 뽀뽀도 안 해 주고 가는 거야?

💖 남자를 사랑하는 여자는 개혁 위원회를 세우고 그에게 온 관심을 쏟는다. 그가 진정으로 원하는 것은 그녀의 지지와 믿음이다.

 성적 발표

나는 아직도 그를 변화시키고 싶은 걸까?

받은 점수를 모두 더해 보세요.

10점 미만

축하합니다! 당신은 지금 모습 그대로의 그를 받아들일 수 있는 너그러운 사람입니다. 당신의 화성인에게 멋진 저녁 식사를 대접받을 자격이 충분합니다.

10~20점

그럭저럭! 당신은 그를 바꾸고 싶어하기는 하지만 대체로 그에게 도움을 주는 금성인입니다.

21점 이상

맞습니다. 당신은 여전히 그를 바꾸려 하시는군요. 일주일만이라도 그가 부탁하지도 않은 충고와 비난을 하지 말아 보세요. 그가 당신의 태도 변화에 무척 고마워할 뿐 아니라 당신의 말에 귀를 쫑긋 세울 것입니다.

제 3 장

화성인은 동굴에 혼자 들어가 문제를
해결해야 기분이 좋아지는 습성이 있다.

금성인은 누군가에게 자기 문제를
털어놓아야 기분이 좋아지는 습성이 있다.

남자는 동굴에 들어가고
여자는 이야기를 한다

남자와 여자가 스트레스에 대응하는 방식은 매우 다르다. 남자는 시간이 흐를수록 점점 더 무엇인가에 주의를 집중하며 내면으로 깊이 빠져든다. 반면, 여자는 감정적으로 스트레스에 휩쓸리고 압도된다. 이런 기분을 푸는 방식도 서로 다르다. 남자는 문제를 해결하여 긴장을 해소하고, 여자는 문제를 이야기함으로써 기분전환을 한다. 이러한 차이를 모르면 남녀관계에 불필요한 마찰이 생긴다.

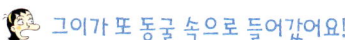 그이가 또 동굴 속으로 들어갔어요!

남자는 언제 동굴을 찾는가?

1. 어떤 문제에 대해 생각할 시간이 필요하거나 구체적인 해결책을 찾아야 할 때.

2. 어떤 문제에 대해 마땅한 해결책이 없을 때.
   하지만 절대로 이렇게 말하지는 않는다. "도무지 대책이 안 서. 동굴에 들어가서 궁리 좀 해 봐야겠어."

3. 기분이 언짢거나 스트레스를 받았을 때.
   남자에게는 머리를 식히고 마음의 평정을 되찾기 위한 시간이 필요하다. 나중에 후회할 말이나 행동을 하고 싶지 않기 때문이다.

4. '공간'과 '거리'가 필요할 때.
   남자는 사랑에 빠지면 뒷걸음질을 치거나 몸을 사릴 때가 있고, 친밀함이 지나치면 쉽게 질리기도 한다. 그들은 상대가 어느 정도 거리를 둬야 다정하게 대한다.

여자는 왜 이야기를 하는가?

1. 소식을 전하고 정보를 얻기 위해서.

2. 자기가 하고자 하는 말이 무엇인지 찾고, 그것을 더욱 깊이 있게 발전시키기 위해서.

3. 언짢은 기분을 풀고 평정을 되찾기 위해서.

4. 상대와 친해지기 위해서.
   여자는 속마음을 터놓고 얘기하면서 관계를 다지고, 나아가 자기 자신을 발견한다.

다섯 가지 흔한 오해

남자가 동굴에 틀어박혀 있을 때는 상대에게 관심을 기울일 능력을 잃는다. 그가 얼마나 스트레스를 받고 있는지 모르는 여자는 이럴 때의 그를 받아들이기가 쉽지 않다. 남자가 말을 하지 않으면 여자는 그가 자기를 무시한다고 느끼고, 말을 하지 않는 것이 자기를 좋아하지 않아서라고 생각한다.

1. 남자가 동굴에 있을 때는 5퍼센트의 집중력만으로 대화하면서도 그녀의 말을 듣고 있다고 주장한다. 여자가 바라는 것은 그의 온전한 관심이다.

     내 말 안 듣고 있지?
     당신이 뭐라고 했는지 다 말해 볼까?

2. 그는 자신이 뻔히 그 자리에 있으므로 그녀의 말은 옳지 않다고 주장한다. 하지만 그가 바로 옆에 있어도 그의 존재감이 느껴지지 않을 때가 있다.

당신은 없는 사람이나 마찬가지야.
 없는 사람이라니! 당신 눈에는 내가 안 보여?

3. 남자는 그녀를 사랑하기 때문에 그녀의 문제를 해결하기 위해 온 힘을 쏟는다고 주장한다. 그러나 정작 여자가 바라는 것은 공감이나 이해와 같은 직접적인 배려다.

 당신은 나한테 신경을 안 써.
 그게 무슨 말이야? 당신 문제를 해결하려고 이 고생을 하는데.

4. 남자는 그녀를 위해서 일에 매달린다. 그래서 일에 너무 많은 시간을 할애한다고 불만을 품는 그녀를 이해하지 못한다. 남자가 여자에게 소홀한 이유가 일 때문이라 해도 여자는 그것을 자신의 문제라고 여긴다.

 너무 일에만 매달리는 거 아냐? 나는 안중에도 없지.
 말도 안 되는 소리!

5. 남자가 동굴 속에 있을 땐 다른 사람들이 자신의 무관심한 태도를 어떻게 받아들이는지 알기 힘들다. 자기는 문제 해결에 꼭 필요한

일을 하고 있는데 그녀가 공연히 트집을 잡거나 무리한 요구를 한다고 생각한다. 그러나 여자는 해결책을 바라는 것이 아니라 그가 곁에서 자신의 감정에 공감해 주기를 바란다.

 당신은 감정이 없어. 생각만 있을 뿐이야.
 그래서 뭐?

대화를 통해 위안 얻기

여자는 스트레스를 받으면 현재의 감정이나 앞으로 일어날 수 있는 모든 일에 대해서 이야기하고 싶어한다. 이야기할 때 문제의 심각성에 따라 화제의 우선순위를 매기거나 하지는 않는다. 기분이 좋지 않을 때는 큰 문제나 사소한 문제 모두 언짢게 느껴진다. 그녀는 자신의 문제에 대한 해결책을 당장 찾으려 하기보다는 자기 마음을 표현하고 상대방에게 이해받는 것으로 위안을 얻고자 한다. 두서 없이 자기 문제들을 털어놓다 보면 기분이 조금씩 나아지기 시작한다.

한편, 남자는 여자가 문제를 털어놓기 시작하면 거부감이 생긴다. 자기에게 책임이 있기 때문에 여자가 문제를 이야기한다고 지레짐작한다. 그래서 여자가 문제를 많이 털어놓을수록 더욱더 비난을 받는다고 느낀다. 그녀가 이야기를 통해 우울한 기분에서 벗어나려고 한다는 것을 알지 못한다. 그저 들어 주는 것만으로도 그녀가 고마워한다는 것을 남자는 모른다.

화성인과 금성인의 평화 찾기

화성인과 금성인이 평화롭게 지낼 수 있었던 것은 그들이 서로의 차이를 존중했기 때문이다. 화성인은 대화를 통해 우울한 기분을 떨쳐 버리는 금성인을 이해했다. 별 말 없이 그녀의 이야기를 들어 주는 것만으로도 큰 도움이 된다는 것을 알고 있었다. 금성인 역시 화성인이 스트레스를 극복하려면 자기만의 동굴이 필요하다는 것을 인정했다. 동굴은 이해하지 못할 미스터리나 관계의 이상 징후를 알리는 경보 장치가 아님을 알았다.

동굴에 들어간 남자를 돕는 여섯 가지 방법

1. 홀로 있고 싶어하는 그의 욕구를 탓하지 말자.

2. 그의 문제 해결을 도우려 하지 말자.

3. 기분이 어떠냐고 물어 보거나 그를 보살피려고 애쓰지 말자.

4. 그를 걱정하거나 불쌍히 여기지 말자.

5. 동굴 입구에 지키고 앉아 그가 나오기를 마냥 기다리지 말자.

6. 즐겁게 할 수 있는 다른 일을 찾자.

남자가 동굴에 들어간 동안 여자가 할 수 있는 일

- 구두 쇼핑
- 독서
- 기도나 명상
- 목욕이나 마사지
- 정원 손질
- 심리 상담

- 전화 통화
- 글쓰기
- 텔레비전 시청
- 음악 듣기
- 운동

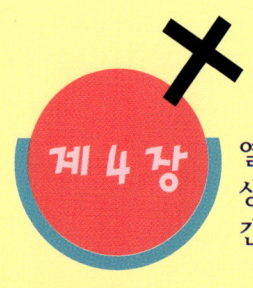

열두 가지 종류의 사랑을 알면
상대의 욕구를 알아내는 중요한 일이 무척
간단해진다.

열두 가지 사랑의 욕구

남자와 여자의 정서적 욕구는 다르다. 따라서 우리는 상대에게 실질적인 도움을 주는 방법을 잘 모른다. 남자나 여자나 상대의 욕구가 자기와 같을 거라고 착각하고 서로에게 자신이 받고자 하는 것을 줄 뿐이다.

관심을 바라는 여자

남자가 여자의 감정에 관심을 갖고 그녀의 행복을 진심으로 염려할 때 여자는 사랑받고 있음을 느낀다. 그녀가 특별한 존재라는 느낌을 받았다면 남자는 여자의 첫 번째 욕구를 충족시키는 데 성공한 셈이다. 자연히 그녀는 그를 더욱 신뢰하고 마음을 열어 그의 사랑을 받아들인다.

신뢰를 바라는 남자

남자를 신뢰한다는 것은, 그가 최선을 기울여 노력하고 있음을 믿는 것이다. 여자가 남자의 능력과 진심을 믿을 때 그의 첫 번째 욕구가 충족된다. 그러면 남자는 그녀의 감정과 욕구에 더욱 관심을 쏟는다.

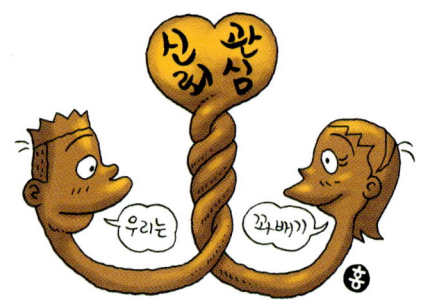

이해를 바라는 여자

여자가 자기 기분을 이야기할 때 남자가 이러쿵저러쿵하는 대신 그녀의 말에 공감하고 호응하면 그녀는 그가 자기를 이해한다고 느낀다. 누군가에게 이야기하고 싶고 이해받고 싶다는 그녀의 욕구가 채워지면 그녀는 인정받고자 하는 그의 욕구를 쉽게 채워 줄 수 있다.

인정을 바라는 남자

남자에게 인정받고 있다는 느낌을 주려면 그를 변화시키려 하지 말고, 사랑하는 마음으로 제 모습 그대로의 그를 받아들여야 한다. 그러면 남자는 그녀의 이야기를 더 열심히 듣고 그녀를 이해한다.

존중을 바라는 여자

남자가 여자의 권리와 소망, 욕구를 인정하면 여자는 존중받고 있다고 느낀다. 꽃을 선물하거나 기념일을 챙기는 등의 구체적이고 물질적인 표현은 여자들의 세 번째 욕구를 충족시키는 데 필수적이다. 자신이 존중받는다고 느끼는 여자는 남자에게 고마움을 표현하기가 훨씬 쉬워진다.

감사를 바라는 남자

여자가 남자 덕분에 자신이 큰 혜택을 얻었다고 인정하면 남자는 그녀가 자신에게 고마워한다고 생각한다. 그러면 남자는 자기 노력이 헛되지 않았음을 알고 더욱 분발하고 상대를 더 존중한다.

헌신을 바라는 여자

남자가 여자의 욕구를 존중하고 그녀를 돕는 일에 긍지를 느끼면 그녀의 네 번째 욕구가 채워진다. 여자는 상대가 자기에게 헌신한다고 느낄 때 눈부시게 피어난다. 자신이 그의 인생에서 가장 중요한 존재라는 믿음이 생기면 여자는 자연히 그를 찬미하게 된다.

찬미를 바라는 남자

여자가 남자의 헌신을 바라는 것처럼 남자는 여자의 찬미를 받고 싶어한다. 남자를 찬미한다는 것은 경이와 기쁨으로 그를 바라보는 것이다. 남자는 자신을 찬미하는 상대에게 모든 사랑을 바친다.

공감을 바라는 여자

여자의 감정에 이의를 제기하거나 시비를 걸지 않고 공감해 주면 여자의 다섯 번째 욕구를 채워 줄 수 있다. 그러면 그녀는 자신의 감정을 헤아려 주는 그에게 사랑을 느낀다(그녀와 견해가 달라도 그녀의 관점을 인정할 수는 있다). 남자가 이런 태도를 보이면 그녀는 그 보답으로 찬성을 바라는 남자의 욕구를 채워 준다.

찬성을 바라는 남자

모든 남자의 마음속 깊은 곳에는 빛나는 갑옷을 입은 영웅이 되고자 하는 욕망이 있다. 찬성은 그가 영웅 자격 시험에 통과했음을 보여주는 합격 증서다 (찬성이 견해의 일치인 것은 아니다). 찬성이란 그의 행동에는 그럴 만한 이유가 있으리라고 믿는 것이다. 여자가 이런 태도를 보일 때 남자 역시 그녀의 감정을 더 잘 이해할 수 있다.

 남자의 오해

남자가 여자의 욕구를 충족시켜
어느 순간 그녀가 행복과 안정을 느낀다면,
그 느낌을 계속해서
간직하리라고 생각하지만
그것은 오해다.

재확인을 바라는 여자

여자는 끊임없이 사랑을 확인하고 싶어한다. 남자가 한결같은 관심과 이해, 존중과 공감을 보일 때 이 욕구가 충족된다. 여자는 확신을 주는 남자의 태도에서 변함없이 사랑받고 있다고 느낀다. 여자의 여섯 번째 욕구를 채우려면 남자는 되풀이하여 사랑에 대한 확신을 주어야 한다.

격려를 바라는 남자

남자는 여자에게 격려받고 싶어한다. 남자의 능력과 인격을 신뢰하고 격려하면 그는 희망과 용기를 얻는다. 여자가 남자에게 신뢰와 인정, 감사와 찬미, 찬성을 보여 줄 때 그는 무엇이든 할 수 있는 힘을 얻는다. 격려받고 있다고 느끼는 남자는 그녀에게 사랑에 대한 확신을 줄 수 있게 된다.

제 5 장

남자는 이따금 사랑하는 여자에게서
멀어지고 싶어한다.

남자는 고무줄이다

남자란 고무줄과 같아서 최대한 멀어졌다가 되돌아오는 습성이 있다. 고무줄은 주기적으로 부침을 거듭하는 남자의 감정을 잘 나타낸다. 남자는 순환 주기 안에서 가까워졌다가 멀어지고, 다시 가까워지는 과정을 반복한다.

그녀에게서 멀어지고자 하는 남자의 충동은 인위적인 결단이나 선택에 의한 행동이 아니라 본능이다. 그것은 그의 탓도 아니고 여자의 잘못도 아니다. 그저 저절로 일어나는 일이다.

남자의 이런 행동은 독립과 자율에 대한 욕구 때문이다. 그는 멀어질 수 있는 데까지 멀어졌다가 다시 돌아온다. 최대한 멀리 떨어졌을 때 불현듯 사랑과 애정이 필요하다고 느낀다. 그녀와 사랑을 나눌 준비가 된 것이다.

남자는 제자리로 돌아오면서 멀어지기 전의 친밀함을 자연스럽게 회복한다. 서먹해진 사이를 되돌리는 데 시간이 필요하지는 않다.

남자는 상대에게 거부당했다고 느낄 때 거리를 두기도 하지만, 여자가 아무 잘못을 하지 않았을 때에도 그런 행동을 보인다. 남자는 "사랑한다" "믿는다" 하고 말하다가도 어느 순간 거리를 두기 시작한다. 하지만 팽팽하게 당겨진 고무줄이 순식간에 제자리로 돌아오는 것처럼 한껏 멀어졌다가 곧 되돌아온다.

여자는 남자의 그런 행동을 잘못 받아들이기 쉽다. 여자가 상대에게서 멀어지고 싶을 때는 대개 그럴 만한 이유가 있다. 상대가 자신을 이해하지 못한다든가 상처받은 경험을 되풀이하기가 두려워서, 아니면 상대가 자기를 실망시켰거나 잘못을 저질렀을 때 상대를 멀리한다.

💛 남자에게는 친밀과 자율에 대한 욕구가 번갈아 일어난다.

금성인이 화성인의
자연스러운 친밀 주기의 순환을 방해하는 두 가지 방식

1. 멀어지려는 그를 붙잡는다

> 내가 도와줄게. 무슨 일이야?
> 내가 도울 만한 일이 없을까? 사랑해
> 당신을 돕고 싶어. 당신이 얼마나 괴로운지 알아.
> 내가 무슨 말실수라도 했어?

이렇게 쫓아다닙니다

- 그를 졸졸 쫓아다니며 물리적 거리를 허용하지 않는다.
- 그를 걱정하고 그의 기분을 바꾸려 하는 등 감정적으로 밀착한다.
- 혼자 있고 싶어하는 그의 욕구를 인정하지 않는다..
- 남자가 멀어지려 할 때 애절한 눈빛이나 상처받은 듯한 표정을 짓는다.
- "어떻게 나한테 이럴 수가 있어?" "대체 무슨 일이야?" "당신이 그러면 내가 얼마나 상처받는 줄 알아?"와 같은 죄책감을 유발하는 질문으로 거리를 두려는 그를 붙잡는다.
- 지나치게 상대의 비위를 맞춘다. 그의 수족처럼 시중을 들고 흠잡을 데 없이 행동하여 아예 멀어질 구실을 만들지 않는다.

2. 되돌아온 그에게 벌을 내린다

 여보 나왔어!

 오든지 말든지.

💔 남자가 거리 두기 때문에 벌을 받으면
다시는 그런 행동을 할 엄두를 못 낸다.
이런 두려움으로 거리를 두지 못하면
친밀 주기의 자연스러운 순환이 깨진다.

이런 벌을 내린다

- 되돌아온 그를 받아주지 않는다.
- 그가 돌아오면 말과 목소리와 표정에 짜증을 담아 자신의 불만을 표현한다.
- 그가 돌아오면 최대한 무뚝뚝하게 대하여 그의 침묵에 복수한다.
- 그의 배려를 무시하여 '착한' 남자가 될 수 있는 기회를 박탈한다.

남자에 대해서 여자가 알아야 할 것

상대에게서 멀어질 기회가 없는 남자에겐
다가가고 싶은 욕구도 생기지 않는다.
여자가 늘 한결같은 친밀함을 고집하거나
거리를 두고자 하는 상대의 욕구를 무시한다면
남자는 언제까지나 도망치려 할 것이다.
그리고 다시는 사랑을 갈망하지 않을 것이다.

슬기로운 남자

남자는 갑자기 멀어졌다가 다시 돌아오는 행동이 여자에게 어떤 영향을 미치는지 잘 모른다. 남자의 친밀 주기가 여자에게 미치는 영향을 알아야 그녀의 이야기를 진지하게 듣는 일이 얼마나 중요한지 깨닫게 되고, 남자의 관심과 사랑에 대한 확신을 바라는 여자의 욕구를 존중하게 된다. 현명한 남자는 평소에 그녀에게 먼저 말을 건다.

 잘 지냈어?

슬기로운 여자

현명한 여자는 남자와 대화할 때 남자에게 말을 하라고 하지 않고 자신의 이야기를 들어 달라고 한다. 그러다 보면 남자가 차츰 마음을 열 것이라고 믿기 때문이다. 지나친 애정 표현이 때로는 남자의 거리 두기 욕구를 자극하기도 한다. 하지만 그가 다시 돌아온 후에는 그런 표현을 얼마든지 받아 줄 것임을 그녀는 안다.

> 내 이야길 들어 줘서 고마워.

사랑하는 사람에게서 멀어졌다가 다가오는
남자와 달리 여자는 자신과 남들에 대한
사랑의 오르내림을 반복한다.

여자는 파도다

누군가에게 사랑받고 있다고 느끼는 여자의 기분은 오르내림을 반복하는 파도에 비유할 수 있다. 기분이 최고조에 이르렀다가 돌연 사정없이 곤두박질친다. 하지만 이러한 추락은 일시적이다. 맨 밑바닥에 도달했다고 느끼는 순간 그녀의 파도는 다시 솟아올라 좋은 기분을 되찾는다.

파도가 용솟음칠 때 여자의 가슴에는 사랑이 충만하고, 파도가 꺼지면 마음이 공허해져 사랑을 갈구한다. 여자는 밑바닥이 드러나는 이 시기에 감정을 대청소한다.

만일 여자가 부정적인 감정을 억압하고 있거나, 파도가 상승할 때 더욱 많은 사랑을 베풀기 위해 자신의 욕구를 부인해 왔다면 파도가 떨어지는 시기에 그런 부정적인 감정과 채우지 못한 욕구가 제 모습을 드러낸다. 퇴조기에는 자신의 문제를 상대에게 털어놓고 이해와 공감을 얻고 싶은 욕구가 그 어느 때보다 강하다.

이런 경험은 마치
캄캄한 우물 속으로
들어가는 것과 같다.
여자는 우물 속으로 들어가면서
무의식의 세계로 침잠한다.
거기서 설명할 수 없는 감정과
분명하지 않은 느낌이 떼지어
몰려드는 것을 경험할지도 모른다.
그러나 우물의 맨 밑바닥에 닿았을 때
자신이 사랑받고 있음을 느낄 수 있다면
기분이 곧 나아지기 시작한다.
추락이 급작스러웠던 만큼 솟아오르는 것도 빨라
다시금 사랑의 빛을 발할 수 있다.

파도가 곤두박질할 때

남자는 여자의 갑작스러운 감정 변화가 자기 때문이라고 섣불리 짐작한다. 여자의 행복과 불행이 모두 자기 책임이라고 생각하는 것이다. 따라서 그가 이런 상황에 대처하는 법을 잘 모른다면 좌절할 수도 있다. 여자의 기분이 좋을 때 남자는 자신감이 넘치지만 기분이 가라앉으면 충격을 받는다.

고치려 애쓰지 마라

여자의 기분이 가라앉을 때 "그러면 안 된다" "왜 그러느냐?"라는 말은 아무런 도움이 안 된다. 그녀는 함께 있어 주고, 이야기를 들어 주고, 그녀의 감정에 공감해 줄 사람이 필요하다. 남자가 갑자기 가라앉은 여자의 기분을 완벽하게 이해할 수는 없어도 자신의 사랑과 관심과 믿음을 보여 줄 수는 있다.

여자가 우물 속에 들어가는 것이 남자의 잘못은 아니다. 그리고 이런 일을 막을 수도 없다. 하지만 어려운 시기에 함께 있어 줌으로써 큰 도움을 줄 수는 있다.

여자는 우물 맨 밑바닥까지 내려갔다가 스스로 솟아오른다. 남자는 여자의 이런 면을 고치려 해서는 안 된다. 그녀는 고장 난 것이 아니라 단지 남자의 사랑과 관용과 이해가 필요할 뿐이다.

남자의 사랑과 보살핌이 여자의 문제를 직접적으로 해결하지는 못한다. 하지만 그녀가 마음 놓고 우물 깊숙이 들어갈 수 있도록 사랑을 보여 줄 수는 있다. 여자가 늘 완벽한 모습으로 사랑을 베풀 수는 없다. 그리고 이런 문제가 자꾸만 되풀이될 것이다. 그때마다 남자는 그녀를 적극적으로 도와야 한다.

거리를 두려는 남자가
그녀를 배려하는 세 가지 방법

1. 나의 한계를 인정한다

혼자 있고 싶다는 자신의 욕구를 인정하고, 자신에겐 아무것도 줄 것이 없다는 사실을 받아들인다. 아무리 잘해 주고 싶어도 거리 두기를 원할 때는 상대의 이야기에 집중할 수가 없다. 할 수 없는 일을 하려고 애쓰지 마라.

2. 그녀의 고통을 이해한다

그녀는 이 순간 당신이 줄 수 있는 것보다 더 많이 원한다. 그녀가 느끼는 고통은 괜한 것이 아니다. 더 많은 것을 원한다거나 마음에 상처를 받는다는 이유로 그녀를 탓하지 마라. 당신의 사랑이 필요한 때에 버림받은 듯한 느낌을 받으면 그것은 분명 아픈 상처가 된다.

♥ 거리를 두고 싶어하는 당신의 욕구가 자연스러운 것처럼
　곁에 있고 싶은 그녀의 욕구도 당연한 것이다.

3. 논쟁을 피하고 믿음을 준다

그녀의 고통을 이해한다면 그녀가 입은 마음의 상처를 탓하지는 못할 것이다. 도와주지도 못하면서 언쟁을 벌여 문제를 악화시켜서는 안 된다. 당신은 곧 돌아올 것이며 돌아왔을 때는 그녀가 마땅히 받아야 할 도움을 주겠다고 그녀와 약속한다.

너무 많이 주려는 여자의 조바심은
자기가 사랑받을 자격이 있음을 기억할 때
비로소 느긋해진다.
사랑을 얻기 위해 여자가 애쓸 필요는 없다.
좀더 적게 주고도 더 많이 받을 수 있다는
여유로운 마음을 품어라.
당신은 그럴 만한 자격이 있으니까.

기분이 가라앉았을 때 관심을 갖는 사람이 없다면 여자는 결코 진정한 행복을 맛볼 수 없다. 참된 행복을 경험하려면 우물 속 깊이 내려가서 마음을 정화하고 치유하고 비워야 한다. 이것은 자연스럽고도 건강한 과정이다.

여자가 파도와 같다는 것을 염두에 두면 남자는 그녀를 어떻게 도와야 할지 알 수 있을 뿐 아니라 그녀가 마땅히 받아야 할 사랑을 줄 수 있을 것이다.

제7장

여자는 상대가 자신을
소중히 여긴다고 느낄 때
힘을 얻고 의욕을 갖는다.

금성인의 마음을 빼앗는 스물다섯 가지 방법

1. 불쑥 꽃다발을 건네 그녀를 놀라게 한다.
2. 그녀의 문제를 해결하고 싶다는 충동을 버린다.
3. 퇴근이 늦을 때 전화로 미리 알린다.
4. 함께 텔레비전을 볼 때 채널을 이리저리 돌리지 않는다.

5. 가끔 짧더라도 로맨틱한 여행을 떠난다.

6. 아내의 차를 닦아 준다.

7. 함께 잠자리에 든다.

8. 남들 앞에서 평소보다 다정하게 대한다.

9. 집을 떠나 있을 때는 그녀가 몹시 보고 싶다고 말한다.

10. 처음 만났을 때의 마음으로 그녀를 대한다.

11. 그녀의 생일을 반드시 챙긴다.

12. 그녀의 손을 잡을 때는 마지못해 잡고 있는 것처럼 하지 말고 힘주어 잡는다.

13. 그녀가 새 옷을 입었을 땐 찬사를 보낸다.

14. 집에 돌아오면 먼저 아내를 가볍게 안아준다.

15. 계획을 세우고 데이트한다.

16. 아내가 피곤해 보이면 무엇이든 도와주겠다고 한다.

17. 그녀의 이야기를 들어 주고 적절하게 묻는 연습을 한다.

18. 새로운 레스토랑을 알아 놓는다.

19. 그녀를 위해 자동차 문을 열어 준다.

20. 그녀가 누군가와 다퉈 감정이 상해 있을 때 그녀의 편을 들어준다.

21. 혼자 있고 싶을 땐 그녀에게 곧 돌아올 것임을 알린다.

22. 그녀의 기분이 어떤지 자주 묻는다.

23. 그녀의 이야기를 들을 때는 눈을 맞춘다.

24. 초콜릿이나 향수 같은 작은 선물을 앙증맞게 포장해서 건넨다.

25. 집을 나설 때 다녀오겠다고 인사하고 키스를 한다.

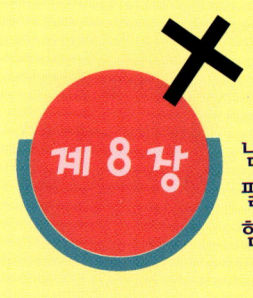

제8장

남자는 여자가 자기를
필요로 한다고 느낄 때
힘을 얻고 의욕을 갖는다.

화성인의 마음을 빼앗는 스물다섯 가지 방법

> 이번 사거리에서 좌회전 해. 3킬로미터쯤 가서 우회전이야.
> 속도 좀 낮춰. 그렇게 웅크리지 말고 똑바로 좀 앉아.

1. 그가 부탁하기 전에는 지시나 조언을 하지 않는다.

2. 반갑게 맞아 준다.

3. 기회 있을 때마다 "당신 말이 맞아"라고 말한다.

4. 그의 재치에 감탄한다.

5. 그의 부탁을 거절하지 않는다.

6. 그에게 실망하더라도 나무라지 않는다.

7. 그에게 도움을 청하되 강요하지 않는다.

8. 그와 함께 하는 드라이브를 즐거워하고 그의 자동차를 칭찬한다.

9. 문 앞에서 발걸음을 늦춰 그에게 문을 열어 줄 기회를 주고 "고마워" 하고 인사한다.

10. 그와의 섹스를 즐긴다.

11. 그가 완벽하지 않더라도 받아들이는 연습을 한다.

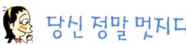
당신 정말 멋지다.

12. 싸우기 전에 마음을 가라앉힐 시간을 갖는다.

13. 칭찬을 아끼지 않는다.

당신이 최고야!

14. 그의 능력과 재능에 감탄한다.

15. 그가 실수했을 때, "거봐, 내가 뭐랬어?"라고 하지 않는다.

16. 그가 열쇠를 어디에 두었는지 잊었을 때 한심하다는 표정을 짓지 않는다.

17. 그의 의견을 물어 본다.

18. 동굴로 들어가는 그에게 죄책감이 들지 않게 한다.

19. 동굴에서 나오는 그를 반갑게 맞아 준다.

20. 그가 부탁을 거절했을 때는 그럴 만한 사정이 있을 것이라고 믿는다.

21. 그의 농담에 크게 웃어 준다.

22. 당신이 잘못한 일은 분명하게 사과한다.

 미안해.

23. 그가 고른 레스토랑이 마음에 들지 않을 때는 재치 있는 말로 불만을 표현한다.

 여긴 참 재미있는 곳이네!

24. 그가 운전하다가 길을 잘못 들었을 때는 그 상황의 장점을 찾는다.

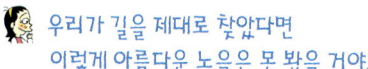 우리가 길을 제대로 찾았다면 이렇게 아름다운 노을은 못 봤을 거야.

25. 그가 집을 나설 땐 작별 키스를 해준다.

제 9 장

대화는 인간관계를 돈독히 하고
언쟁은 인간관계를 파괴한다.

언쟁은 상대에게 상처를 입힌다

사랑하는 사람들 사이에서 생기는 의견 대립을 해소하는 일은 매우 어렵고 중요한 문제다. 어떤 문제에 대해 두 사람의 생각이 다를 때 하는 대화는 쉽게 말다툼으로 변하고, 급기야 싸움으로 번지는 경우가 많다. 싸움이 시작되면 그들은 자연히 상대방을 비난하고 불평하고 나무라고 원망하고 의심한다. 그리고 서로에게 거친 말을 내뱉어 상처를 준다. 의견의 차이를 피하기는 어렵지만 좀더 긍정적으로 해결할 수는 있다.

💗 화성인은 좀처럼 미안하다는 말을 하지 않는다.
화성에서는 그 말이 큰 잘못을 저질렀을 때만 쓰는 사과의 표현이기 때문이다.

그런데 여자들은 '네 기분이 그렇다니 좀 신경이 쓰여'라는 뜻으로 "미안해"라고 한다. 이 말은 자신이 저지른 잘못에 대한 사과를 의미하지 않는다. 좀처럼 미안하다고 하지 않는 남자들이 이 글을 보면 금성 언어의 색다른 측면에 놀랄지도 모른다. 언쟁을 막는 가장 쉬운 방법은 "미안해"라고 말하는 것이다.

남자와 여자가 어떻게 다른지를 모르면 상대방과 자신 모두에게 상처를 주는 말다툼을 벌이기 쉽다. 말다툼을 피하려면 서로 예의를 지키면서 애정을 가지고 대화해야 한다.

의견의 차이와 대립 자체가 그다지 해로운 것은 아니다. 문제는 표현 방식이다. 이론적으로 언쟁은 생각의 차이를 표현하는 대화 방식의 하나다.

상처를 피하는 네 가지 태도

언쟁이 주는 상처를 피하기 위해 사람들이 취하는 태도로는 크게 네 가지가 있다. 이는 단기적으로 도움이 될 수도 있지만 긴 안목으로 보면 모두 역효과를 낳는다.

1. 정면 대결

이것은 누가 뭐래도 화성에서 온 태도다. 대화가 불쾌한 양상으로 흘러가면 화성인들은 대부분 공격 태세에 돌입한다. '공격이 최상의 수비다!'가 그들의 좌우명이다.

"당신이 틀렸고, 내가 옳아!
모두 당신 잘못이야!"

그들은 비판하고, 비난하고, 힐책하고, 상대방에게 책임을 떠넘기려 한다. 상대방이 잘못을 인정하고 물러나면 자기가 이겼다고 생각하지만 사실은 패배한 것이다.

💖 위협은 신뢰의 적이다.

2. 도피

도피 역시 화성에서 왔다. 정면 대립을 피하려고 화성인들은 동굴 속으로 들어가 절대 나오지 않는다. 일종의 냉전이다. 대화를 거부하면 해결되는 것은 아무것도 없다. 도피를 주로 사용하는 화성인들은 정면 대결이 두렵고 귀찮아 논쟁을 불러일으킬 만한 화제는 무조건 피하려 한다.

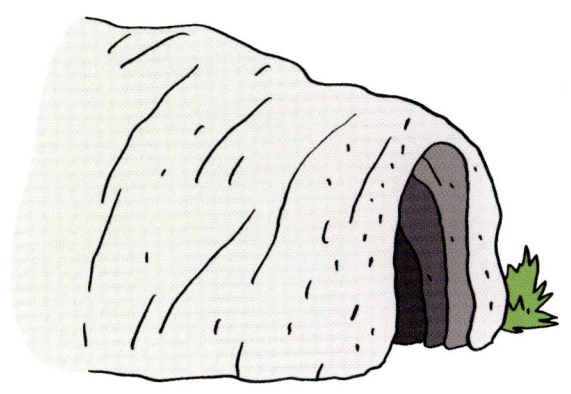

3. 가장

가장은 금성인들이 주로 사용한다. 많은 금성인이 정면 대결로 상처 받는 것이 싫어 마치 아무 문제도 없는 것처럼 행동한다. 그녀는 만사가 순조롭다는 듯 행복하고 유쾌한 표정을 짓는다. 그러나 시간이 흐를수록 가슴속에는 원망이 차곡차곡 쌓인다. 원망이 쌓이면 자연스러운 애정 표현을 하기가 어렵다.

4. 양보

양보 역시 '메이드 인 금성'이다. 금성인들은 시시콜콜 시비를 따지느니 차라리 양보하고 만다. 그가 불쾌해 하면 그 책임을 모두 자기 탓으로 돌린다. 양보는 상대를 배려하는 바람직한 태도처럼 보여도 결국 자기 자신을 잃게 만든다.

미안해. 내 잘못이야. 내가 잘못했어.

금성인이 이렇게 행동하는 이유는 상처로부터 자신을 보호하기 위해서다. 그러나 그다지 효과가 없다. 논쟁이 벌어질 상황이라면 시간을 두고 마음을 가라앉힌 다음 차분하게 이야기를 시작해 보자. 상대방을 이해하고 존중하는 마음으로 대화하다 보면 차츰 말다툼을 피하는 방법을 터득할 수 있을 것이다.

금성인이 언쟁하는 이유

- "그이가 내 감정에 무관심할 때는 정말 속상해요."
- "제 부탁을 잘 잊어요. 그래서 같은 얘기를 여러 번 하는데, 그럼 잔소리꾼이 된 기분이 들어요."
- "자기가 옳다면서 이런저런 이유를 조목조목 들 때는 짜증이 나요."
- "그이가 제 말에 아무런 대꾸도 하지 않으면 몹시 화가 나요."
- "제가 걱정을 하거나 화를 내면 그럴 필요 없다고 하는데, 그러지 않았으면 좋겠어요."

화성인이 언쟁하는 이유

- "왜 그랬냐, 왜 안 했냐고 하면서 별것도 아닌 걸로 귀찮게 구는 것이 싫습니다."
- "그녀가 제게 일을 어떻게 처리하라고 일러줄 땐 기분이 나빠져요."
- "그녀가 자신의 불행을 제 탓으로 돌리는 게 싫습니다."
- "무슨 일이 있으면 잘못될까 봐 전전긍긍하는 걸 못 봐주겠어요."
- "구체적으로 말하지도 않으면서 자기 마음을 다 알아주기를 바란다니까요."

♂ 남자는 자기가 실수했거나
사랑하는 이를 언짢게 했을 때
말다툼을 한다.

♀ 여자는 자신의 감정을
직접적으로 표현하지 않아
뜻하지 않은 언쟁을 부른다.

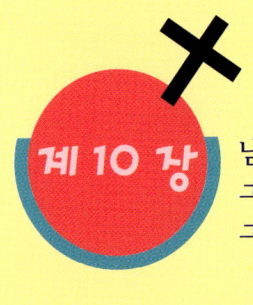

제 10 장

남자에게 힘을 주려면
그를 변화시키거나 개선하려는 노력을
그만둬야 한다.

남자를 변화시키고 싶은 충동 조절하기

남자는 자신이 부족하더라도 상대에게 인정받고 싶어한다. 어떤 사람의 결점을 수용하기란 쉽지 않다. 그가 결점을 극복하고 더 나은 사람이 될 수 있는 길이 명확하게 보일 때는 더욱 그렇다. 그러나 그의 발전을 돕는 최상의 방법은 어떤 식으로든 그를 변화시키겠다는 생각을 버리는 것이다. 그러면 현재 모습 그대로의 그를 받아들이기가 한결 쉬워진다.

남자를 변화시키겠다는 생각을 버리는 여섯 가지 방법

1. 저기압인 그에게 많은 질문은 금물

😣 버려야 할 태도

♀ "당신, 괜찮아? 내가 도와줄까? 문제가 뭐야?"

🙂 바람직한 태도

♀ "나 여기 있으니까 필요할 때 불러. 당신이 나를 필요로 할 때 항상 곁에 있을게."

그가 스스로 이야기를 꺼낼 때까지는 그의 기분을 모르는 척한다. 대화에 초대하는 의미로 관심을 보일 수는 있다. 하지만 그 관심이 지나치면 좋지 않다.

2. 스스로 조언을 구할 때까지 기다린다

😠 버려야 할 태도

♀ "내 의견을 말하면, 우선 봉급을 올려 달라고 해. 말이 나온 김에 휴가도 한 일주일 더 달라고 하고."

🙂 바람직한 태도

♀ "당신이 알아서 잘할 거라고 믿어."

그가 스스로 어려움을 극복하리라 믿고 기다린다. 바라지도 않은 충고를 하면 그는 당신이 자기 능력을 의심한다고 생각한다.

3. 완벽하지 않더라도 받아들이는 연습을 한다

 **버려야 할 태도**

♂ "나 머리 잘랐어.
　이게 올 여름 내 헤어 스타일이야!"
♀ "진짜 이상하다.
　어디 가서 아는 척하지 마."

바람직한 태도

♀ "시원해서 보기 좋은데!"

그에게 완벽함을 기대하지 말고 그의 감정을 존중한다. 훈계하거나 잘못을 지적하지 않도록 노력한다.

4. 자신을 희생하지 않는다

 그에게 당신이 희생하는 만큼의 희생을 기대한다면 그는 당신이 변화를 강요한다고 느낄 것이다. 그에게만 매달려 행복을 구하지 말고, 당신 자신을 위한 다른 무엇을 찾아보라.

부정적인 감정을 억압하면
긍정적인 감정까지 덩달아 억눌려
사랑이 식는다.
당신의 감정을 당당히 표현하라.

5. 부정적인 감정을 표현하는 데도 요령이 있다

😠 버려야 할 태도

♀ "휴우! 난 지쳤어. 시간은 없고 할 일은 태산이야. 어떡하지?"

🙂 바람직한 태도

♀ "오늘 하루는 정말 힘들었어. 이야기라도 하면 좀 나을 것 같아. 당신은 그저 내 얘기를 들어 주기만 하면 돼."

아쉬운 마음을 털어놓는 것은 그에게 해야 할 일을 일러주는 것이 아니라 나의 감정에 관심을 가져 달라는 뜻이라는 점을 분명히 밝혀야 한다. 당신이 지금 모습 그대로의 그를 받아들인다면 그도 기꺼이 당신의 이야기에 귀를 기울일 것이다.

6. 용서도 연습이 필요하다

😣 버려야 할 태도

♂ "이런! 빵 사오는 걸 깜박 잊었네."
♀ "머리는 뭐에 쓰려고 붙이고 다니니?"

🙂 바람직한 태도

♀ "괜찮아. 나중에 사오면 돼."

그의 실수를 용서하라. 그는 자기 잘못을 잘 인정하지 않는다. 자신의 잘못으로 사랑을 잃을지도 모른다는 두려움 때문이다. 완벽하지 않아도 당신의 사랑을 받을 수 있다는 것을 가르쳐 줘야 한다.

남자는 여자에게 기분이 나쁠 이유가 없다고 하고, 여자는 남자에게 그런 식으로 행동하지 말라고 한다. 남자가 여자의 감정을 섣불리 '수리'하려는 것이 잘못인 것처럼, 여자가 남자를 '변화'시키려 하는 것도 옳지 않다.

남자들은 화성인의 눈으로 세상을 본다. '고장 나지 않은 물건은 수리하지 말라'가 그들의 좌우명이다. 여자가 남자를 변화시키려 하면 남자는 자신이 고장 난 물건 취급을 받고 있다고 생각하여 매우 공격적으로 나온다. 그래서 그녀가 자기를 사랑하고 자신의 능력을 인정하고 있다는 사실을 느끼지 못한다.

💖 남자의 발전을 돕는 최선의 길은
　그를 변화시키려는 노력을 접는 것이다.

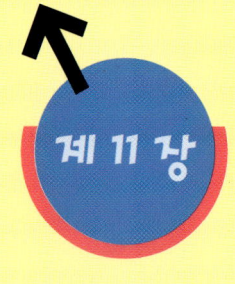

제 11 장

남자는 여자가 도와 달라고 하기 전에는
자신이 충분히 주고 있다고 생각한다.

어떻게 부탁할 것인가

여자는 도움을 직접 요청하는 일을 달가워하지 않는다. 여자는 타인의 욕구를 직감적으로 느낄 수 있고, 그 욕구를 충족시켜 주고 싶어한다. 그들은 남자에게도 그런 능력이 있으리라고 생각하지만 아쉽게도 남자에게는 그런 능력이 없다. 그들은 요청해야만 비로소 움직인다.

▶ 제1단계
당신이 현재 받고 있는 것을 부탁하라

- 그가 당신을 위해 하는 일을 떠올려 보고 그것을 인정하라. 무거운 짐 옮기기, 고장 난 물건 고치기, 예약하기, 간단한 집안일 도와주기와 같은 작은 일이라도 좋다.
- 그가 기꺼이 해 줄 수 있는 일부터 부탁한다. 그리고 당신의 요구를 들어 주면 칭찬을 듬뿍 안겨 준다.
- 당신이 부탁하지 않아도 그가 알아서 도와주리라는 기대는 접어라.
- 갑작스럽게 지금까지 해 오던 것보다 더 많이 요구하면 부작용을 낳는다. 화성인에게 도움을 요청하는 다섯 가지 비법을 연습한다.

도움을 요청하는 다섯 가지 비결

1. 적절한 시간을 택하라
그가 막 일을 하려는 순간에 그 일을 요청하지 않도록 주의해야 한다. 예를 들어 휴지통을 비우려는 그에게 "휴지통 좀 비워 줘!"라고 하면 안 된다.

2. 강요하는 태도는 금물
부탁은 강요가 아니다. 만일 원망 섞인 시선이나 강요하는 태도를 보이면 아무리 좋은 표현을 고르더라도 그의 오해를 사기 십상이다. 그는 자신이 지금껏 해 온 일들을 당신이 고마워하지 않는다고 생각해 부탁을 거절할지도 모른다.

3. 간결하게 부탁하라
그에게 당신을 도와주어야 하는 이유를 줄줄이 늘어놓으면 안 된다. 요청의 타당성을 장황하게 설명하는 것은 그를 믿지 못하겠다고 말하는 것과 같다.

💖 남자에게 도움을 요청할 때 그를 설득하겠다는 생각은 버린다.

4. 구체적으로 요청하라

여자는 간혹 남자가 알아채지 못하는 방식으로 도움을 요청할 때가 있다. 구체적으로 말하는 대신 문제만 넌지시 제시하고는 충분히 알아듣게 말했다고 생각한다.

😖 버려야 할 태도

- ♀ "아이들을 데려와야 하는데 할 일이 너무 많아."
- ♀ "우편물이 우편함에 그대로 있네."
- ♀ "우리는 몇 주째 집에만 있었어."

🙂 바람직한 태도

- ♀ "아이들을 좀 데려와 줄래?"
- ♀ "우편함에서 우편물 좀 꺼내 줄래?"
- ♀ "우리 외식이라도 하지 않을래?"

💗 남자의 반응을 이끌어 내려면
넌지시 암시하지 말고 직접적으로 요청해야 한다.

5. 알맞게 표현하라

알맞은 표현을 쓰면 남자는 적극적으로 여자의 부탁을 들어 주고 싶어한다. 도움을 요청할 때 해 주겠느냐고 하지 않고 할 수 있느냐고 말하는 실수를 많이 저지른다. "휴지통 좀 비워 줄 수 있어?"는 정보를 얻기 위한 질문에 지나지 않는다. "휴지통 좀 비워 줄래?"가 요청하는 데 알맞은 표현이다.

 음식 쓰레기통 좀 비워 줄 수 있어?
 아무렴 내가 쓰레기통 하나 못 비우겠어?
　　내가 그것도 못 할 거라고 생각한단 말이야?

 쓰레기통 좀 비워 줄래?
 물론이지!

♥ "해 주겠어?"라고 말하라.
"할 수 있어?"라고 묻는 것은 우회적이고 자신 없어 보일 뿐 아니라, 상대를 믿지 못하는 것처럼 들린다.

▶ 제2단계
더 많이 요청하라 (거절당할 게 확실하더라도)

더 많이 요청하기 전에 먼저 지금까지 그가 해 왔던 일을 고마워하고 있음을 확실히 알려야 한다. 남자에게 그가 해 온 일을 당신이 인정하고 고마워한다는 느낌을 주었을 때가 바로 한 걸음 더 내딛기에 좋은 시기다.

2단계의 목표는 더 많이 요청하되 그가 싫다면 얼마든지 거절해도 좋으며, 그래도 당신에 대한 사랑과 지지는 변함 없다는 사실을 그가 알아채게 하는 것이다.

평소에는 잘 부탁하지 않았던 것 중에 그가 도와주면 정말 고마울 만한 일을 선택하라. 그가 거절해도 당신 기분이 나빠지지 않을 상황에만 이 과제를 진행해야 한다.

얻고 싶다면 요청하라

그는 지금 중요한 일로 몹시 바쁘다. 그가 무언가에 집중하고 있다는 것을 알기에 그를 방해하고 싶지는 않지만 그에게 꼭 할 말이 있다. 보통 때라면 시간을 내 달라는 부탁을 하지 않겠지만 지금은 '더 많이 부탁하기'를 연습하고 있다.

 시간 좀 있어?
 바빠!
 알았어.

💗 남자들은 "NO"라고 말해도 부담 없는 자유로운 분위기 속에서 더욱 기꺼이 요청에 응한다.

▶ 제3단계

단호하게 요청하라

 시간 좀 있어?

 아니, 지금은 곤란한데.

 당신, 요즘 너무 바빴잖아. 당신과 함께 있고 싶어. 잠깐 시간 좀 내주면 좋겠어.

그런 다음 침묵하라.

2단계까지의 훈련을 통해 상대방의 거절을 유연하게 받아들일 수 있게 되었다면 3단계로 넘어가도 좋다. 3단계에서는 당신이 원하는 것을 얻어 내기 위해 전력을 쏟아야 한다. 당신이 그에게 도움을 요청했는데 그가 핑계를 대면 2단계에서처럼 "알았어"라고 하면 안 된다. 그가 거절해도 상관없다는 태도는 유지하되 요청을 받아들일 때까지 기다려야 한다.

단호하게 요청하고 나서
잠자코 있는 것이 중요하다.

침묵을 깨는 순간 당신의 내적인 힘은 사라진다.

금성인의 좌우명:
사랑은 결코 부탁할 필요가 없다

여자는 상대가 자기를 사랑한다면 굳이 요청하지 않더라도 자발적으로 도움을 주리라고 생각한다. 심지어는 그의 사랑을 시험해 보려고 아무 말 없이 지켜보는 경우도 있다. 남자가 그 시험에 통과하려면 여자가 아무런 말을 하지 않아도 그녀의 마음을 미루어 짐작하고 행동해야만 한다.

그러나 남자들과의 관계에서 이런 접근 방식은 통하지 않는다. 그들은 도움을 받고 싶으면 요청을 해야 하는 화성에서 왔기 때문이다.

올바르게 도움 요청하는 법을 터득하면 사랑이 더 풍요로워진다. 상대에게서 당신이 원하는 사랑과 도움을 더 많이 얻어 낼 수 있기 때문이다. 남자는 자기가 사랑하는 사람에게 만족을 안겨 주었을 때 가장 행복을 느끼므로 올바른 요청은 그에게도 좋은 일이다. 적절하게 도움 요청하는 방법을 터득하면 상대에게 자신의 사랑을 느끼게 할 수 있을 뿐만 아니라, 자신 역시 더 큰 사랑을 얻게 된다.

제 12 장

글은 감정을 나타내는
중요한 수단이다.

감정의 편지

언짢고 실망스럽고 우울하고 화가 날 땐 감정을 우아하게 표현하기가 어렵다. 그럴 때 하는 대화는 이내 싸움으로 변한다. 대화가 효력을 발휘하지 못하는 때도 있는 법이다.

다행히 이럴 때 선택할 수 있는 대안이 하나 있다. 상대에게 당신의 감정을 말로 표현하는 대신 편지를 쓰는 것이다. 편지를 쓰면 상대의 기분을 염려하지 않고 자신의 감정에 귀를 기울일 수 있다. 자신의 감정을 자유롭게 표현하고 그것을 곱씹음으로써 마음의 평정을 되찾고 상대에 대한 애정을 회복한다. 당신이 쓴 편지를 상대방과 함께 볼 필요는 없다. 다정하고 우호적인 감정이 되살아남을 느끼면 문제에 얽매이지 않고도 해결책을 찾을 수 있을 것이다.

감정의 편지 쓰기

1. 20분 정도의 시간을 낸다.

2. 조용한 장소를 찾아 상대에게 편지를 쓴다. 그 사람이 이해와 사랑으로 당신의 이야기를 듣고 있다고 상상한다.

3. 분노에서 시작하여 슬픔, 두려움, 후회의 순서로 진행한다.
각각의 감정마다 몇 개의 문장을 만들어 본다.
어떤 감정에서 다음 감정으로 넘어가기 전에 잠시 시간을 두고 감정의 변화에 주목한다. 그리고 그 느낌을 글로 옮긴다. 대체로 '화가 난다' '슬프다' '두렵다' '미안하다' 와 같은 표현이 많을 것이다.

💘 감정은 빙산과 같다.
　우리는 대개 아주 작은 조각만을 인식한다.
　나머지 거대한 부분은 물속에 잠겨 있다.

4. 부정적인 감정들을 하나하나 들여다보고 나면 자연스럽게 긍정적인 감정이 솟아난다. 몇 분 동안 당신이 바라는 것은 무엇이고, 당신에게 필요한 것이 무엇인지를 생각해 본다. 그리고 그것을 글로 옮긴 다음, 사랑·이해·용서·신뢰와 같은 긍정적인 감정으로 넘어간다.

5. 편지 마지막에는 자신의 이름을 적는다. 그리고 그 사람이 당신에게 보여 주었으면 하는 반응을 적는다.

사랑의 편지, 이렇게 쓴다

사랑하는 ○○○에게

분노 : 당신이 그렇게 감정적으로 나와서 화가 나. 당신이 매사에 과민 반응을 보여서 화가 나. 당신이 나를 믿지 못하고 거부할 때면 화가 나.

슬픔 : 우리가 이렇게 말다툼을 해서 슬퍼. 당신의 사랑을 잃는 것 같아서 슬퍼. 싸우는 건 정말 싫은데, 우리 사이에 의견 차이가 있어서 슬퍼.

두려움 : 내가 실수를 하지나 않을까 두려워. 당신이 나를 무능력한 사람으로 볼까 봐 걱정돼. 당신 기분이 안 좋을 땐 말을 걸기가 무서워.

후회 : 당신 마음을 아프게 해서 미안해. 당신 기분을 배려하지 못하고, 당신 의견에 따르지 못해서 미안해. 당신을 비난해서 미안해.

사랑 : 이 편지가 효과가 있으면 좋겠어. 다시 이야기를 나눌 땐 당신을 더 이해하려고 노력할게. 당신을 사랑해.

당신을 사랑하는 ○○○

추신 : 내가 당신에게 듣고 싶은 말은 이런 거야. "당신을 사랑해. 당신이 이렇게 자상하고 이해심 깊은 사람이어서 정말 다행이야."

사랑은 응어리진 감정을 위로 떠오르게 한다

짜증

방어적인 태도

비난

분노

무감각

지나친 요구

과거 치유하기

줄곧 사랑받고 있다고 느끼다가 어느 날 갑자기 그 사랑에 의심이 들 때가 있다. 그 사람의 사랑에 의심이 생기면 억눌러 왔던 과거의 고통스런 기억들이 되살아난다.

사랑이 견고하다고 느끼는 순간 과거에는 표출하지 못했던 감정들이 한꺼번에 밀려들 수도 있고, 억압되어 있던 감정들이 사랑의 열기에 녹아 점차 수면 위로 떠오르기도 한다. 풀리지 않던 부정적인 감정의 꾸러미가 사랑받고 있다는 느낌이 들 때까지 기다리고 있던 것처럼 말이다. 그런 감정들이 새삼스레 고개를 드는 까닭은 지금이라도 치유되기를 바라기 때문이다.

90/10 원칙

응어리 진 감정이 주기적으로 떠오르는 이유를 이해해야
왜 상대에 의해 쉽게 마음이 상하는지 알 수 있다.
울적한 기분의 90퍼센트는 과거에 원인이 있다.
'현재'의 그 일하고는 10퍼센트 정도밖에 관련이 없다.

치유의 편지

과거가 현재에 어떤 영향을 끼치는지 알면 부정적인 감정을 치유하기가 한결 수월하다. 만일 당신이 상대방으로 인해 어떤 식으로든 기분이 상했다면 그에게 치유의 편지를 써 보라. 편지를 쓰는 동안 지금의 언짢음이 혹시 과거와 연관되어 있지는 않은지 자문해 보라. 과거의 기억들이 떠오르면서 예전의 풀리지 않던 감정들이 드러날지도 모른다.
그렇다면 잠시 시간을 내어 그 감정들을 깊이 들여다보고 앞에서 소개한 감정의 편지를 통해 과거를 치유하라.
무엇 때문에 마음이 상했는지 알아야 비로소 상대에게 고마운 마음이 들고, 그 사람을 신뢰할 수 있다.

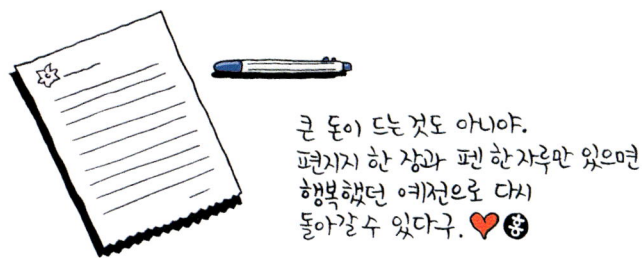

큰 돈이 드는 것도 아니야.
편지지 한 장과 펜 한 자루만 있으면
행복했던 예전으로 다시
돌아갈 수 있다구. ♥

제 13 장

사랑에도 계절이 있다.

사랑의 계절

남녀관계란 정원과 같다. 정원을 잘 가꾸려면 꼬박꼬박 물을 주어야 한다. 계절의 변화는 물론, 예측할 수 없는 날씨까지 염두에 두고 각별히 정성 들여 보살펴야 한다. 씨앗을 뿌리고 때로는 잡초도 뽑아 주어야 한다. 사랑도 이와 같아서 사랑의 마법이 영원히 풀리지 않게 하려면 사랑의 계절을 이해하고 사랑에 필요한 자양분을 주어야 한다.

사랑의 봄

사랑에 빠지는 시기는 봄이다. 행복이 언제까지나 지속될 것 같은 기분에 사로잡힌다. 그야말로 순진무구한 시절이다. 그 사람과 나는 하늘이 맺어 준 인연이고 이 사랑은 영원할 것만 같다. 우리는 조화로운 관계 속에서 함께 기뻐하며 서로를 만나게 해 준 운명에 감사한다.

사랑의 여름

사랑에 여름이 도래하면 처음과는 달리 그 사람의 부족한 면이 보이기 시작한다. 더 나은 관계를 위해서는 노력이 필요하다는 사실을 깨

닫고 실망과 좌절이 고개를 든다. 잡초를 뽑아야 하고, 햇볕이 뜨거울 때는 나무에 물도 더 많이 주어야 한다.

사랑의 여름에는 사랑을 주고받는 일이 처음처럼 쉽지가 않다. 많은 연인이 서로를 탓하며 포기하기에 이른다. 그들은 사랑의 여정이 평탄하지 않으며, 뜨거운 태양 아래서는 각별한 보살핌이 필요하다는 사실을 깨닫지 못한다. 사랑의 여름에는 상대가 필요로 하는 것을 주면서 자신이 필요로 하는 것을 요청하여 얻어야 한다. 이런 일은 노력하지 않고서는 불가능하다.

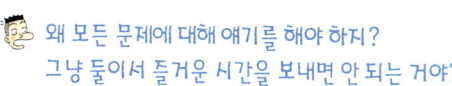

왜 모든 문제에 대해 얘기를 해야 하지?
그냥 둘이서 즐거운 시간을 보내면 안 되는 거야?

흥! 노력할 생각이 없군.

사랑의 가을

여름 내내 땀 흘리며 사랑을 정성껏 가꾼 결과, 우리는 탐스러운 결실을 거둔다. 바야흐로 가을이 온 것이다. 사랑의 가을은 모든 것이 풍성한 황금기다. 우리는 자신의 결점을 받아들이듯 상대의 불완전함을 감싸안는 성숙한 사랑을 경험한다. 가을은 수확에 감사하고 기쁨을 함께 나누는 계절이다. 여름에 힘들게 일한 덕분에 사랑이 충만한 이 계절을 편안한 마음으로 향유한다.

 와! 처음처럼 멋졌어.

 난 그때보다 더 좋았어.

 뭐? 그럼 처음에는 그저 그랬단 말야?

 그때도 좋았지. 하지만 지금은 당신이 나의 장단점을 다 알았는데도 여전히 나를 사랑하잖아.

사랑의 겨울

계절이 바뀌어 겨울이 왔다. 매서운 바람이 불고 모든 것이 내면으로 움츠러든다. 겨울은 휴식과 반성과 소생의 계절이다. 상대에게 온전한 사랑을 요구하고 그것을 통해 만족을 얻으려 하기보다는 자신의 내면을 들여다봐야 하는 고독한 성장의 계절이다.

겨울은 치유의 계절이기도 하다. 남자는 자신의 동굴로 들어가고, 여자는 우물의 맨 밑바닥으로 내려가는 때다.

자신을 사랑하고 치유하면서 어두운 사랑의 겨울을 보내고 나면 어김없이 봄이 찾아온다. 우리는 다시 한 번 희망과 사랑, 기대가 넘친다. 기나긴 겨울 내내 감정을 정리하고 영혼을 정화한 덕분에 마음을 활짝 열고 따사로운 사랑의 봄 햇살을 한껏 쬘 수 있다.

"나는 어쩌면 이렇게 운이 좋을까?"

화성에서 온 남자
금성에서 온 여자

언젠가 그 사람에게 실망하게 되면

남자는 화성에서 왔고 여자는 금성에서 왔다는 것을 기억하세요.

이 책을 읽고 남녀가 서로 다를 수밖에 없다는

사실을 알게 된 것만으로도

더욱 완전한 사랑을 가꿔 가는 데

도움이 될 것입니다.

당신에겐 무한한 가능성이 있습니다.

사랑의 햇살 속에서 당신이 계속 성장하기를 바랍니다.

제 글이 당신의 인생에 변화를 가져올 수 있기를 바랍니다.

 옮기고 나서

　모든 만남은 설렌다.『화성에서 온 남자 금성에서 온 여자』를 처음 만났을 때도 그랬다. 이 책의 번역을 의뢰받고 설렘과 부담 속에서 원고를 읽어 내려갔던 기억이 지금도 생생하다. 그 때부터 강산이 한 번 바뀌는 동안 '화성금성 시리즈'는 많은 독자의 사랑을 받으며 바람직한 남녀관계를 위한 필독서로 자리매김했다. 오랫동안 베스트셀러 목록에 붙박이로 이름을 올렸고 매스컴에도 심심찮게 소개되었다. 이제『화성에서 온 남자 금성에서 온 여자』는 신세대의 우상 '비'의 노래 제목으로 등장할 만큼 유명 인사가 되었다. 이 책이 널리 알려진 일도 기쁘지만 무엇보다 관계에, 사랑에, 결혼 생활에 도움이 되었노라고 하는 사람들을 만났을 때가 번역자로서 가장 뿌듯하다(작가인 존 그레이 본인이야 더 말할 나위가 있으랴).

　어떤 이는 전문 상담가가 아닌 번역자에게 상담을 청해 오기도 한다. 스스로도 십여 년 동안 '화성금성 시리즈'를 번역하면서 남녀관계의 문리를 반쯤은 터득했다고 생각할 지경이 되었으니 이쯤 되면 직업병이 아닌가 싶다. 하지만 관계 때문에 감정이 흔들리고 마음이 산

산란할 때마다 무의식중에 이 책을 집어 드는 모습을 보면 나 역시 이 책의 영향에서 벗어나지 못하는, 한 사람의 독자임을 고백한다.

남녀관계는 우리의 영원한 화두다. 관계 때문에 번번이 절망하면서도 다시 매달린다. "우리 관계야말로 이상적이고 완벽하다" 하고 자신 있게 말하는 사람도 그다지 많지 않다. 산을 넘으면 또 산이 있고, 강을 건너면 또 강이 있으니 우리는 그저 뚜벅뚜벅 앞으로 나아갈 뿐이다. 하지만 문득 서로의 새로운 면을 발견하는 희열이 없다면, 관계가 주는 '달콤씁쓰름한' 고통이 없다면, 아무런 변화나 감정의 소용돌이 없이 그저 평탄하게만 세월이 흘러간다면 또 무슨 재미로 인생을 살겠는가?

『화성에서 온 남자 금성에서 온 여자』가 독자들의 사랑에 힘입어 10주년 기념판을 선보이게 되었다. 젊은이들에게는 무겁게 느껴질 수도 있는 원작이 『비빔툰』의 작가 홍승우 씨의 그림을 만나 한결 가볍고 산뜻한 모습으로 새롭게 태어났다.

이 책은 지금까지 내게 큰 기쁨을 안겨 주었고 앞으로도 그러할 것이다. 여러분도 이 책과의 만남이 계기가 되어 더욱 깊은 이해와 생각과 시선으로 사랑하는 사람을 바라볼 수 있었으면 좋겠다.

2004년 5월
김경숙

사랑의 기쁨을 깨닫게 하는 존 그레이의 책

- ♥ **화성에서 온 남자 금성에서 온 여자**
  전 세계 5000만 독자가 선택한 남녀 관계의 바이블!
  사랑의 상처를 치유하는 마법 같은 책

- ♥ 화성에서 온 남자 금성에서 온 여자의 LOVE LESSON 99
  99가지 키워드로 보는 남자와 여자!

- ♥ 화성남자 금성여자의 **침실 가꾸기**
  언제나 신선하고 감동적인 잠자리를 위한 충고!

- ♥ 화성에서 온 남자 금성에서 온 여자의 **다시 시작하는 이야기**
  지독한 슬픔은 새로운 사랑의 씨앗입니다.

- ♥ 화성남자 금성여자의 **사랑의 365일**
  매일 물을 주고 보살펴야 하는 사랑의 정원 관리법!

- ♥ 화성남자 금성여자의 **결혼 지키기**
  속마음을 열어야 사랑이 자랍니다.

- ♥ 화성남자 금성여자의 **관계 지키기**
  어긋난 관계를 온전히 되살리는 방법을 제시합니다.